Rüdiger Fröhlich/Christina Rath/Andreas Safft

Elf unfassbare
Fußball-Geschichten Teil 3

AF176421

Zu diesem Buch

Wussten Sie, dass Nordkorea den Wechsel von Franz Beckenbauer mit 20 Jahren zu Inter Mailand verhindert hat? Kennen Sie die beiden Eckball-Könige der Bundesliga, die acht Ecken direkt verwandelt haben? Erinnern Sie sich an das legendäre Spiel, als der VfL Bochum fünf Tore schoss - und doch noch verlor? Wussten Sie, dass Uwe Seeler seinem HSV einmal doch untreu wurde? Oder, dass der erste Präsident vom FSV Mainz 05 ermordet wurde? Kennen Sie die unglaubliche Geschichte von der Frankfurter "Weißen Wand" von Camp Nou? Oder erinnern Sie sich an das vermutlich schlechteste WM-Spiel aller Zeiten? Kennen Sie das Fußball-Märchen vom SV Alsenborn, der kurz vor dem Aufstieg in die Bundesliga stand? Oder wussten Sie, dass „keiner an Gott vorbei kommt, außer Stan Libuda"? Nein? Dann sollten Sie sich dieses kleine Büchlein mit elf unfassbaren Fußball-Geschichten nicht entgehen lassen...

Rüdiger Fröhlich/Christina Rath/
Andeas Safft

Elf unfassbare
Fußball-Geschichten Teil 3

Bibliografische Information:
Die Deutsche Bibliothek verzeichnet diese Publikation in der Deutschen Nationalbiografie; detaillierte bibliografische Daten sind im Internet unter http://dnb.ddb.de abrufbar.

November 2022
© 2022 Rüdiger Fröhlich/Christina Rath/Andreas Safft
Herstellung und Verlag: BoD - Books on Demand, Norderstedt
Umschlaggestaltung: Rüdiger Fröhlich
Hintergrundbild: Wouter Marais / Pixabay
Printed in Germany
ISBN: 9783756841493

Inhaltsverzeichnis

Wie Nordkorea verhinderte, dass Franz Beckenbauer den FC Bayern verließ

Von Rüdiger Fröhlich

Es war ein Schicksalsspiel, am 26. September 1965 im Rasunda-Stadion in Stockholm: Deutschland musste die Schmach vom WM-Aus 1962 im Viertelfinale in Chile gegen Jugoslawien auswetzen. Mit dabei im Hexenkessel in Schweden: der junge Franz Beckenbauer vom FC Bayern. „Ich war selbst überrascht von meiner Nominierung", sagte Beckenbauer, der erst sechs Bundesligaspiele für den Aufsteiger München absolviert hatte. Mit Helmut Haller und Wolfgang Overath fielen zwei wichtige Stützen des deutschen Teams aus, so dass Trainer Helmut Schön zwei Neulinge aus München berief: den grandiosen Spielmacher von 1860, Peter Grosser, und eben Beckenbauer. Deutschland siegte mit Franz Beckenbauer im Rasunda-Stadion mit 2:1 durch Treffer von Werner Krämer (45.) und Uwe Seeler (54.) und qualifizierte sich damit für die Weltmeisterschaft 1966 in England.

Bei der WM 1966 in England geht dann Beckenbauers Stern am Fußball-Himmel endgültig auf: Mit nur 20 Jahren spielte er ein überragendes Turnier. Als defensiver Mittelfeldspieler erzielte Beckenbauer gleich im ersten Weltmeisterschaftsspiel gegen die Schweiz (5:0) zwei Tore. Der junge deutsche Nationalspieler bewertete seine Position

7

sehr offensiv, belegte bei der WM mit insgesamt vier Treffern den dritten Platz in der Torschützenliste. Im legendären Finale gegen England mit dem Wembley-Tor wurde Franz Beckenbauer als Sonderbewacher des englischen Superstars Bobby Charlton eingesetzt. Später stellte sich heraus, dass Charlton den gleichen Auftrag hatte. Er sollte als Sonderbewacher Beckenbauer ausschalten, beide neutralisierten sich schließlich und England siegte mit 4:2 nach Verlängerung durch das umstrittenste und gleichzeitig berühmteste Tor der Fußball-Geschichte.

Franz Beckenbauer hat in seiner Karriere fast alles erreicht. Der „Kaiser" wurde als Spieler (1974) und Trainer (1990) mit Deutschland Weltmeister. Mit dem FC Bayern München wurde er dreimal Pokalsieger der Landesmeister (1974 – 1976) und insgesamt fünf Mal Deutscher Meister (1969, 1972, 1973 und 1974 mit München, 1982 mit dem HSV) sowie vier Mal DFB-Pokalsieger (1966, 1967, 1969 und 1971 mit dem FCB). Mit dem FC Bayern holte er zudem den Weltpokal (1976) sowie den Europapokal der Pokalsieger (1967). Als Spieler wurde er zudem Europameister (1972), als Trainer mit dem FC Bayern Deutscher Meister (1994) und UEFA-Pokalsieger (1996) sowie mit Olympique Marseille französischer Meister (1991). Ein großer Traum ging für Franz Beckenbauer jedoch nicht in Erfüllung.

Vor der Weltmeisterschaft 1966 hatte sich Franz Beckenbauer entschieden, den FC Bayern zu verlassen und ins Fußball-Paradies Italien zu wechseln. Er unterschrieb als 20-Jähriger einen Vertrag bei Inter Mailand. „Vor allem das San-Siro-Stadion mit 100.000 Zuschauern hat mich beeindruckt", so Beckenbauer in einem Interview. "Eine Atmosphäre, wie man sie in Deutschland noch nicht kannte. Das hat mich so fasziniert - ich wäre auf alle Fälle gegangen."

Beckenbauer sollte bei Inter die damals unglaubliche Summe von einer Million D-Mark pro Jahr verdienen. Unmittelbar vor der WM – was im Juli 1966 noch keiner wusste – hatte der junge deutsche Nationalspieler mit Mailand eine Einigung über den Vertrag erzielt. Alles war klar, bis eine der größten Fußball-Blamagen aller Zeiten den sicheren Deal doch noch platzen ließ.

Nordkorea schlug bei der WM 1966 völlig sensationell Italien mit 1:0. Gegen den größten anzunehmenden Außenseiter schied die „Squadra Azzurra" aus. Das Tor gegen Italien schoss ein nordkoreanischer Zahnarzt, Pak Doo-Ik (42.). In Rom ging die Welt unter. „Unser Land weint", erklärte Italiens Fußball-Legende Vittorio Pozzo. „Der Zerfall des römischen Reiches war nichts gegen diesen Untergang der Nationalmannschaft."

Dieses unfassbare Debakel der italienischen Nationalmannschaft hatte dann auch persönliche Konsequenzen für Franz Beckenbauer. Italien untersagte Transfers von ausländischen Spielern, um die Nationalmannschaft wieder zu stärken. „Und mein Vertrag war damit geplatzt", sagte Beckenbauer enttäuscht. „Das war so eine Blamage, ich wäre gerne gegangen." So blieb der „Kaiser" noch elf sagenhafte Jahre beim FC Bayern und feierte großartige Erfolge mit München. „Gott sei Dank bin ich auch ohne die Millionen von Inter glücklich geworden", so Franz Beckenbauer.

Statistik zu Franz Beckenbauer:

Geboren: 11. September 1945 in München
455 Bundesligaspiele (60 Tore) für Bayern München und den Hamburger SV
103 Länderspiele (14 Tore)
Erfolge als Spieler: Weltmeister 1974, Vize-Weltmeister 1966, Europameister 1972, Vize-Europameister 1976, Europapokal der Landesmeister 1973/74, 1974/75, 1975/76, Weltpokal 1976, Deutscher Meister 1971/72, 1972/73, 1973/74, 1981/82, DFB-Pokal-Sieger 1970/71
Erfolge als Trainer: Weltmeister 1990, Vize-Weltmeister 1986 (Deutsche Nationalmannschaft), UEFA-Pokal-Sieger 1995/96, Deutscher Meister 1994 (FC Bayern München), Französischer Meister 1991 (Olympique Marseille)

Stan Libuda, ein Zauberer mit 24-Stunden-Vertrag

Von Andreas Safft

1972 – es war ein Jahr, in dem die deutsche Nationalmannschaft das Zaubern lernte. Ramba-Zamba-Fußball mit Beckenbauer und Netzer in Höchstform, mit der vielleicht stärksten, auf alle Fälle aber spielfreudigsten DFB-Elf aller Zeiten. Ein Jahr aber auch, in dem die Bundesliga in eine tiefe Vertrauenskrise rutschte. Keine 18.000 Zuschauer kamen im Schnitt in die Stadien, Folge des Bestechungsskandals. Mittendrin in dieser verrückten Zeit: Reinhard „Stan" Libuda, das Schalker Idol schlechthin. Aber auch eine tragische Figur – besonders 1972.

"Niemand kommt an Gott vorbei", stand einst auf einer Litfaßsäule zu lesen. "Außer Stan Libuda!", kritzelte ein Fan drunter. Ein geflügeltes Wort, so oft schon zitiert, aber absolut zutreffend. Auf der Sportschau-Seite ist immer noch sein irrwitziges Tor des Monats aus dem August 1971 zu bewundern, ein Solo über gut 60 Metern inklusive Vernaschen der halben Duisburger Mannschaft, außerdem seine kongeniale Vorlage für Klaus Scheer im April 1972. Dieser Mann war eine Naturgewalt. Keiner, der Libuda spielen sah, kam daran vorbei, sein Fan zu werden", sagte der Nationalspieler Erwin Kostedde über ihn.

Libuda hatte aber auch eine andere Seite. 1965 wechselte er von den Königsblauen zu Borussia Dortmund, gewann mit den Schwarz-Gelben den Europacup der Pokalsieger – nicht zuletzt dank seines Bogenlampen-Treffers zum 2:1-Endstand gegen den FC Liverpool. Doch wirklich glücklich wurde er beim BVB nie, das Heimweh nach Gelsenkirchen quälte ihn zu sehr. „In der nur gut 30 Kilometer entfernten Stadt hätte sich der Haverkamper gefühlt wie im Ausland", schrieb Bernd M. Meyer in seinem Buch „1971/72: Die Saison der Träumer". Haverkamp, das war Libudas Heimat in Gelsenkirchen, eine kleine Bergarbeiter-Siedlung in Gelsenkirchen-Bismarck.

Der gelernte Maschinenschlosser sollte 1972 vor all den Anschuldigungen rund um den Bestechungsskandal und einer möglichen Sperre nach Straßburg fliehen. Eine ganz schlechte Idee. Mit seiner sportlichen Laufbahn wie mit seiner Karriere sollte es in Frankreich steil bergab gehen. Libuda soll 1971 wie viele Mitspieler 2400 Mark dafür bekommen haben, dass Arminia Bielefeld ein Jahr zuvor die Schalker 1:0 schlug und sich damit den Klassenerhalt sicherte. Ein Jahr später holte die Mannschaft dieser Skandal erst richtig ein, der niemals richtig aufgeklärt wurde. Schalkes Traumelf zerbrach.

Die Saison 1971/72 bot aber noch Höhen und Tiefen, Welt- und Kreisklasse praktisch im Wochenrhythmus. Die Schalker trumpften sensationell stark auf, hielten als einziges Team mit dem FC Bayern mit. Torwart Norbert Nigbur, die Kremers-Zwillinge, Rolf Rüßmann und Klaus Fischer entwickelten sich zu Stars. Die rechte Seite aber gehörte Libuda. Links antäuschen, rechts vorbeigehen – wie einst die englische Legende Stanley Matthews, dem er seinen Spitznamen verdankt, narrte er so eine ganze Generation von Abwehrspielern.

Aber Libuda hatte auch eine schwarze Seite, ihn plagten immer wieder Selbstzweifel. Zu einem Auswärtsspiel bei Werder Bremen wollte er in jener Saison partout nicht antreten, weil er einfach Angst vor „Eisenfuß" Horst-Dieter Höttges hatte. „Da seh' ich den Ball genau zwei Mal. Beim Anstoß und wenn die das Tor geschossen haben", soll er seinem Trainer Ivica Horvat gesagt haben. Er blieb zu Hause. Und Werder gewann gegen Schalke 2:0. Sein ehemaliger Mitspieler Rudi Assauer, der spätere Schalke-Manager sagte, er habe noch nie bei einem Fußballer einen so krassen Unterschied zwischen Heim- und Auswärtsspielen gesehen: "Er brauchte sein Zuhause, sein Umfeld, seine Glückauf-Kampfbahn und das Parkstadion, da hat er sich wohl gefühlt."

Wechselhaft verlief daher auch seine Karriere in der Nationalmannschaft, die ja schließlich nicht alle ihre Spiele auf Schalke austragen konnte. Von Sepp Herberger schon 1963 mit 19 Jahren berufen, von Helmut Schön anfangs verschmäht. Doch 1969 mussten die Deutschen in der Qualifikation zur WM in Mexiko unbedingt gegen Schottland gewinnen. Schön zauberte nach wochenlanger Geheimniskrämerei Libuda als Überraschungskandidaten für die rechte Seite aus dem Hut. Und der dankte es ihm mit dem entscheidenden Tor zum 3:2. Und zwar nicht irgendwie, sondern natürlich nach einem fulminanten Solo über den halben Platz. „Als ich mit dem linken Fuß losknallte, wusste ich genau: Das Ding sitzt", beschrieb Libuda den Treffer, ohne den es ein Jahr später die Jahrhundertspiele gegen England und Italien nicht gegeben hätte.

Auch in Mexiko brillierte er besonders beim 5:2 gegen Bulgarien mit einem Tor und zwei Vorlagen. „Gewonnen hat uns dieses Spiel Stan Libuda. Eine phantastische Leistung", lobte sein Mitspieler Franz Beckenbauer. Nach der WM aber verspielte sich Libuda durch seine Formschwankungen allmählich den Platz im DFB-Kader. Längst war er bei Schön kein Faktor mehr, als Netzer, Beckenbauer und Co. die Engländer in Wembley vom Platz fegten und auch bei der Endrunde Gastgeber Belgien und die UdSSR beherrschten.

1972 aber bot noch eine Besonderheit. Bundesliga und DFB-Pokal endeten erst nach der EM. Mittendrin Schalke mit der großen Chance auf die erste Meisterschaft seit 1958 oder gar auf das Double 1937. Das Duell mit den FC Bayern gipfelte in einem Endspiel am 28. Juni 1972, einem Mittwochabend. Es war das erste Spiel im frisch gebauten Münchner Olympiastadion und das erste Spiel, das den Münchnern dank der Liveübertragung in den dritten Programmen der ARD und dank der fast 80.000 Zuschauer eine

Millioneneinnahme brachte. Bayern gewann souverän 5:1, von Libuda war wie von den meisten Schalkern herzlich wenig zu sehen.

Einen Pfeil hatten die Schalker aber noch im Köcher, das DFB-Pokalfinale, das nur drei Tage später gegen den 1. FC Kaiserslautern in Hannover stattfand. "Boss, heute ist Zahltag!", rief Libuda seinem Präsidenten Günter Siebert zu. 10.000 Mark Prämie winkten jedem Spieler. Es war der 1. Juli, laut Vertrag eigentlich Stans erster Arbeitstag in Straßburg – dank einer DFB-Sondergenehmigung erhielt er noch einen Vertrag auf Schalke über weitere 24 Stunden. Es gab weitere Störfeuer: Köln hatte gegen die Halbfinal-Niederlage gegen Schalke 04 Protest eingelegt, weil das Elfmeterschießen von Zuschauerausschreitungen überschattet war. Und Jürgen Sobieray, später als Schalker Geldbote im Bestechungsskandal überführt, war nach einer Vorsperre zum Zuschauen verurteilt.

Es hätte also einige Gründe für ein Schalker Debakel gegeben. Stattdessen folgte aber der bis dahin höchste Sieg in einem DFB-Pokalfinale, ein Rekord, den die Königsblauen selbst 2011 gegen den MSV Duisburg einstellten. 5:0 – und Kapitän Libuda lieferte die letzte große Show für seinen Herzensclub ab, der die Pfälzer nach allen Regeln der Kunst auseinandernahm. Zum Beispiel beim 4:0 durch Fischer, das er mit einem seiner typischen Flügelläufe vorbereitete. Einige Lauterer dürften noch tagelang schlecht von Stan und seinen Finten geträumt haben.

Libuda war vielleicht der letzte große Anarchist auf deutschen Fußballplätzen. Er war kreativ, verspielt, eigensinnig, bisweilen arrogant. "Manchmal standen wir in der Mitte und kriegten einfach den Ball nicht, weil Stan auf dem Flügel seinen Zirkus machte. Da konnte es schon mal vorkommen, dass er wartete, bis seine Gegenspieler wieder aufgestanden waren, damit er sie gleich noch mal ausspielen konnte", beschrieb ihn sein früherer Dortmunder Mitspieler Aki Schmidt. Interviews waren ihm dagegen ein Graus, erst recht Fernsehauftritte, bei denen er kaum ein Wort herausbekam.

Wie es ihm nach der Karriere ging, weiß kaum jemand. Gezeichnet wurde ein Bild von einem Menschen, der sich ins Aus gedribbelt hat, den Einsamkeit, Alkohol und akute Finanznot zerstört haben. Er starb mit nur 52 Jahren an einem Schlaganfall, den er in der Wohnung seines Sohnes Matthias während der Übertragung eines Boxkampfes erlitt. „Ein Buch voller kleiner Fehler, Irrtümer und falscher Urteile", kritisierte Libuda junior die erste Biographie über seinen Vater. Der ist auf Schalke bis heute ein Mythos geblieben. Obwohl – oder vielleicht auch gerade weil er nie richtig greifbar war.

Statistik zu Reinhard „Stan" Libuda:

Geboren: 10. Oktober 1943 in Wendlinghausen; † 25. August 1995 in
Gelsenkirchen
264 Bundesligaspiele (29 Tore) für den FC Schalke 04 und Borussia Dortmund
26 Länderspiele (3 Tore)
Größte Erfolge als Spieler: WM-Dritter 1970, Europapokalsieger der Pokalsieger 1966 mit Borussia Dortmund, DFB-Pokal-Sieger 1972 mit
Schalke 04

„Schuldig": Diese Fußball-Weltmeisterschaft wurde verschoben

Von Rüdiger Fröhlich

Immer wieder gab es Gerüchte, dass bei Fußball-Weltmeisterschaften getrickst, geschummelt oder betrogen wurde. So wurde zum Beispiel Stunden vor der Auslosung zur WM 2014 in Brasilien die komplette Gruppe F per Twitter aus Argentinien veröffentlicht. Einen Tag vor der Auslosung berichteten bereits zwei Journalisten der Zeitung „La Nación", dass Argentinien Kopf der Gruppe F werde. Dies hätte eine „hohe Quelle des WM-Organisationskomitées" bei mehreren Gesprächen versichert. „La Albiceleste" wurde dann tatsächlich als Kopf der Gruppe F ausgelost – und darauf hatten die Argentinier schon vorab alles vorbereitet. Selbst das WM-Quartier in Belo Horizonte soll deswegen vorab geplant so ausgesucht worden sein – und das obwohl es gar nicht auf der offiziellen Liste der FIFA-Unterkünfte stand.

Alles nur Zufall? Der ehemalige FIFA-Präsident Sepp Blatter selber erklärte in einem Interview, dass „bei Auslosungen zu großen Sportevents mühelos betrogen werden kann". Einmal habe er mit eigenen Augen gesehen, wie geschummelt wurde. „Man kann die Kugeln, die gezogen werden, markieren. Oder sie heiß machen, wenn sie vorher gekühlt wurden", so Blatter. Auch bei der WM 1978 in Argentinien soll nicht alles korrekt zugegangen sein. So soll das Spiel Argentinien gegen Peru „auf höchster politischer

Ebene geregelt worden sein". Das Match endete 6:0 für Argentinien – im Gegenzug soll Peru 35.000 Tonnen Getreide, einen Kredit über 50 Millionen US-Dollar und Waffen erhalten haben.

Bei der Auslosung zur WM 1998 gab Michel Platini, Chef des Organisationskomitées, in einem Interview offen zu, dass „wir ein bisschen getrickst haben". Ein Endspiel zwischen Frankreich und Brasilien sei einfach „der Traum von allen" gewesen. "Als wir den Spielplan erstellt haben, haben wir dafür gesorgt, dass wenn wir und Brasilien in unseren Gruppen Erster werden, wir nicht vor dem Finale aufeinander treffen können", so der ehemalige französische Superstar. "Glaubt ihr etwa, die anderen Gastgeber hätten das bei ihren Endrunden nicht so gemacht?" Auch gegen Deutschland gab es mehrfach Betrugsvorwürfe, zum Beispiel bei der Vergabe der „Sommermärchen"-WM 2006 oder beim Nichtangriffspakt zwischen Deutschland und Österreich bei der Weltmeisterschaft 1982 in Spanien, der „Schande von Gijón". Meist verlaufen Prozesse wegen Betrugsvorwürfen bei Weltmeisterschaften jedoch im Sande. Sport-Historiker sind sich jedoch bei einer WM sicher, dass bei dieser der Weltmeister schon vor Beginn des Turniers feststand.

„Ein Komplott", „Schuldig", „Alles nur Betrug" oder „Der Duce korrumpiert die Fußball-Weltmeisterschaft". Die Indizienlage bei der WM 1934 ist so erdrückend, dass Experten sich absolut sicher sind, dass diese Weltmeisterschaft in Italien tatsächlich verschoben worden ist. „Der WM-Sieg Italiens war ein finsteres Komplott aus Funktionären und Schiedsrichtern, das seinen Anfang 1932 nahm", erklärte der renommierte italienische Sporthistoriker Marco Impiglia. „Die italienischen Organisatoren um den FIFA-Funktionär Giovanni Mauro haben das Turnier verschoben." Bei dem Turnier im eigenen Land war Italiens Diktator Benito Mussolini bei jeden WM-Spiel persönlich anwesend und übte entsprechenden Druck auf die „Squadra Azzurra" aus. Überall wo der „Duce" bei der Weltmeisterschaft auftauchte, gab es vorbereitete Jubelstürme für Italien. Mussolini hatte seinen glühenden Fan Giovanni Mauro an die Spitze des italienischen Fußballverbandes gestellt, damit alles so läuft, wie es sich der Diktator wünschte. Zur Sicherheit wurde zudem als Mittelsmann zwischen dem italienischen Verband und der FIFA der General der faschistischen Miliz, Giorgio Vaccaro, gewählt.

Bereits vor der WM 1934 kam es zum ersten Eklat: Die argentinischen Star-Spieler Luis Monti, Attilo de Maria und Enrique Guaita wurden von Italien eingebürgert – entgegen der FIFA-Statuten. Monti und Attilo de Maria wurden noch 1930 Vize-Weltmeister mit Argentinien, der begnadete Rechtsaußen Guaita spielte sogar noch bis zum 5. Februar 1933 für Argentinien. Ein Hauptproblem bei dieser WM war zudem, dass der italienische Verband die Schiedsrichter einfach selber nominieren durfte. Insgesamt vier

Schiedsrichter waren nach der tiefen Überzeugung der Experten von Italien gekauft worden: der Schweizer Referee René Mercet, ein persönlicher Freund von Giovanni Mauro, und der belgische Schiedsrichter André Baert, unter dessen Leitung Italien noch nie verloren hatte, der Ungar Mihaly Ivancsics sowie der schwedische Unparteiische Ivan Eklind.

Italien 1934 ist eine WM, die nur im K.o.-System ausgetragen wird. Im Achtelfinale gewann Gastgeber Italien zunächst noch standesgemäß in Rom gegen den krassen Außenseiter USA mit 7:1. Schiedsrichter war René Mercet, der „Freund" der italienischen Familie. Doch danach spielten sich drei unfassbare Skandal-Spiele der Italiener ab, die die FIFA längst dazu hätte veranlassen müssen, den Italienern den WM-Titel nachträglich abzuerkennen.

Im Viertelfinale trifft Italien in Florenz auf die starken Spanier um Torwart-Legende Ricardo Zamora, in den 20er und 30er einer der weltbesten Keeper. Die „Squadra Azzurra" brachte gegen Spanien nach Verlängerung nur ein 1:1 zustande. Italien war tief erschüttert. Da es bei der WM noch kein Elfmeterschießen gab, musste ein Wiederholungsspiel angesetzt werden – und es musste etwas passieren. Die Italiener setzten daher dort an, wo man das Spiel am besten beeinflussen kann: beim Schiedsrichter. Deswegen warteten sie nicht lange auf die Auswahl des Schiedsrichterkomitées, sondern wählten selber wieder René Mercet als Referee aus, den Kumpel von Giovanni Mauro. Es kam zum ersten krassen Skandal schon vor dem Wiederholungsspiel. Dr. Peco Bauwens, späterer DFB-Präsident und damals Vorsitzender des Schiedsrichterkomitées, lehnte den „Wunsch" der Italiener ab. Kurz danach bekam er Besuch vom General Vaccaro, der ihm unmissverständlich mitteilte, dass der Wunsch des „Duce" nicht abzulehnen sei. Bei Bauwens biss er auf Granit, aber bei den anderen Mitgliedern des Komitées hatte Vaccaro Erfolg. Dr. Peco Bauwens trat zurück – René Mercet durfte doch pfeifen.

Gleich am Anfang kommen die Italiener nicht wirklich in Fahrt und zu keiner echten Torchance. Schiedsrichter Mercet half ein wenig nach und pfiff einen Eckball, der keiner war. Der spanische Keeper versuchte kurz danach eine Flanke abzufangen, doch mehrere Italiener behindern ihn in seinem Laufweg. Italiens legendärer Stürmer Giuseppe Meazza stützt sich ferner regelwidrig auf den Torwart auf – und köpft den Ball ins Tor. Die Spanier protestieren wild, Schiedsrichter Mercet gibt das Skandal-Tor trotzdem. In der ersten Hälfte reagieren die Spanier wütend und spielen die Italiener teils an die Wand, doch gleich zwei klare Elfmeter verweigert ihnen der Schiedsrichter aus der Schweiz. Noch unfassbarer ist, dass er der spanischen Elf in der zweiten Halbzeit auch zwei eindeutig reguläre Tore nicht anerkannte.

Zudem musste Spanien das Spiel aufgrund der äußerst harten Spielweise der Italiener mit nur acht Spielern beenden, Referee Mercet ließ meist großzügig weiterspielen und Spielerwechsel waren nicht gestattet. "Schiedsrichter Mercet leitete das Spiel mit einer solchen Lässigkeit, dass er oft den Eindruck erweckte, Italiens zwölfter Mann zu sein", so die französischen Sporttageszeitung L'Auto. Nach der Weltmeisterschaft wurde René Mercet vom Schweizerischen Fußballverband und der FIFA gefeuert.

Im WM-Halbfinale kommt es dann gleich zum nächsten Skandal-Spiel, der Gastgeber muss im Giuseppe-Meazza-Stadion in Mailand gegen das österreichische Wunderteam um Starspieler Matthias Sindelar ran. Da half es erneut einen 12. Mann zu „engagieren", den schwedischen Referee Ivan Eklind – ein gern gesehener Ehrengast bei Festen und Banketten des italienischen Diktators Benito Mussolini. Zwei Szenen des Spiels zeigen, wie unfassbar skandalös der Schiedsrichter Eklind vorging: Beim entscheidenden Tor zum 1:0-Sieg standen gleich zwei Italiener klar im Abseits. Österreichs Torwart Peter Platzer fing die Flanke aber dennoch ab und stand mit dem Ball in der Hand vor seinem Tor, worauf mehrere Spieler der Italiener ihn einfach umrannten. Keeper Platzer stürzte zu Boden, der Ball trullerte ins Tor. Was entschied Referee Eklind? Regulärer Treffer.

Noch unglaublicher war eine Szene, als der Schiedsrichter per Kopfball eine Großchance des österreichischen Stürmer „Karli" Zischnek klärte. Den Flankenball auf den freistehende Zischnek köpft der Referee Eklind einfach selber weg und befördert ihn ins Aus. Seine Entscheidung: Abstoß Italien – Sieg Italien. Fertig. Diese Kopfballeinlage von Ivan Eklind ist vermutlich die spektakulärste und zugleich irrsinnigste Schiedsrichter-Aktion aller Zeiten. Was entschieden Giovanni Mauro und der „Duce" im Anschluss an das Skandalspiel? Zur Belohnung durfte der Schwede auch das WM-Finale pfeifen...

Doch auch im Endspiel wartete mit der Tschechoslowakei ein übermächtiger Gegner. Es kommt erneut zum großen Knall: Schiri Eklind verweigert den Tschechen im Finale in Rom gleich mehrere klare Elfmeter. Die „Squadra Azzurra" darf sich dagegen alles erlauben, Referee Eklind lässt es bei den Italienern einfach durchgehen. Italien gewinnt mit 2:1 in der Verlängerung. Dem italienischen Trainer, Vittorio Pozzo, war der WM-Triumph offenbar selber unangenehm. „1938 werden wir beweisen, wer der wahre Weltmeister ist", sagte Pozzo nach dem Finale.

Der italienische Sporthistoriker Marco Impiglia erklärte abschließend zu dem Fußball-Komplott von 1934 in Italien: „Die Indizienlage ist so erdrückend, dass man als Historiker sagen muss: Schuldig!"

Statistik zum WM-Finale Italien gegen die Tschechoslowakei 2:1 n.V.:

Italien

Gianpiero Combi, Luigi Allemandi, Eraldo Monzeglio, Luigi Bertolini, Giovanni Ferrari, Attilio Ferraris, Luis Monti, Enrico Guaita, Giuseppe Meazza, Mumo Orsi, Angelo Schiavio

Trainer: Vittorio Pozzo

Tschechoslowakei

František Plánička, Josef Čtyřoký, Ladislav Ženíšek, Štefan Čambal, Josef Košťálek, Rudolf Krčil, František Junek, Oldřich Nejedlý, Antonín Puč, Jiří Sobotka, František Svoboda

Trainer: Karel Petrů

Tore: 0:1 Antonín Puč (76.), 1:1 Mumo Orsi (81.), 2:1 Angelo Schiavio (95.)
Schiedsrichter: Ivan Eklind (Schweden)
Stadion: Nazionale PNF, Rom
Zuschauer: 50.000
Datum: 10. Juni 1934

Wunder-Mannschaft vom SV Alsenborn stand kurz vor dem Bundesliga-Aufstieg

Von Christina Rath

„Flutlicht ist in Alsenborn nur, wenn der Mond scheint", warnt die „Sport-Illustrierte" Ende der 1960er. Es geht um das „Stadion an der Kinderlehre" des SV Alsenborn. Das pfälzische Dorf Enkenbach-Alsenborn nahe Kaiserslautern schrieb damals Fußballgeschichte. Begonnen hat alles vor gut 50 Jahren im Olympiastadion von Amsterdam...

Am 2. Mai 1962 stehen sich Real Madrid mit dem legendären Ferenc Puskas und Benefica Lissabon (mit Eusébio) im Endspiel um den Pokal der Landesmeister gegenüber. Zwei Zuschauer des Finales leisten damals einen Schwur, der so etwas hieß wie, „Das wollen wir auch." Bei dem als „Schwur von Amsterdam" berühmt gewordenen Übereinkommen planen der vermögende Bauunternehmer Hannes Ruth und Fritz Walter, den hier niemand vorstellen muss, in Alsenborn einen ähnlich glänzenden Erfolg auf die Beine zu stellen und aus dem SVA einen Klub zu machen, der bei den ganz Großen mitmischt.

Die Gründung der Bundesliga steht kurz bevor, der kleine SV Alsenborn ist denkbar weit davon entfernt. In dieser Zeit zieht Fritz Walter mit seiner Frau Italia nach Enkenbach-Alsenborn und übernimmt gratis das Training der Dorfkicker - angespornt von Bauunternehmer Ruth, der dem Ehepaar einen schönen Bungalow nahe der Spielstätte an der Kinderlehre baut. Drei Spieler des 1. FC Kaiserslautern wechseln daraufhin ins nahe gelegene Alsenborn.

Der Erfolg lässt nicht lange auf sich warten: Mit aller Macht stürmt der Klub nach oben und steigt in den Jahren 1962 bis 1965 dreimal in Folge auf - bis er 1965 sogar die Regionalliga Südwest erklommen hat, die damals zweithöchste Spielklasse. Mittlerweile hat Walters Freund Otto Render, der ebenfalls vom 1. FC Kaiserslautern kommt, das Training der Alsenborner Kicker übernommen, Walter bleibt Berater.

Sechs Jahre nach dem „Schwur von Amsterdam" ist der 1919 gegründete SV Alsenborn in allen Gazetten - „Spiegel", „Zeit", sie alle schreiben über das Fußballmärchen, das sich in dem damals rund 2300-Seelen-Dorf nahe des Stumpfwaldes abspielt. „In der Regel pflegen Fußballvereine in Gemeinden gleicher Größe als ersehnten sportlichen Lorbeer den Gewinn der Kreismeisterschaft anzustreben", formuliert es etwa die „Zeit" im März 1968. „Alsenborn ist nicht die Regel. Die Elf steht mit anderthalb Beinen in der Bundesliga-Aufstiegsrunde." Kurz nach Erscheinen des Artikels erreicht der Außenseiter eben diese Aufstiegsrunde.

Das ist ungefähr die Zeit, in der „Sport-Illustrierte" den Witz mit dem Flutlicht und dem Mond macht. Es ist auch tatsächlich nicht ganz einfach. Das Stadion an der Kinderlehre bietet nur 8.000 statt der für die Bundesliga geforderten 35.000 Plätze, und auch finanziell sieht es für die Alsenborner nicht gut aus. Auch ob der Trainingsstand reicht ist fraglich, denn die Kicker des SVA können nur zweimal pro Woche trainieren.

Doch dann stehen die Blau-Weißen plötzlich im Sommer 1968 zum ersten Mal im Berliner Olympiastadion auf dem Platz. In der Aufstiegsrunde zur ersten Liga gegen Hertha BSC gelingt den Außenseitern vor rund 80.000 Zuschauern immerhin ein Unentschieden.

Und auch in der folgenden Saison wird der SVA wieder Meister der Regionalliga - am Ende fehlt ihm in der Aufstiegsrunde ein einziger Punkt. Und dann 1970 nochmal, eine Sensation: Dreimal in Folge steht der SV Alsenborn an der Spitze der Regionalliga und kämpft um den Aufstieg. Dreimal in Folge verpasst er ihn nur knapp. Bundesweit erregten die großartigen Leistungen des kleinen Dorfvereins Aufsehen.

Doch dann folgen schwierige Zeiten. Bereits wenige Wochen vor dem zweiten Aufstiegsversuch ereilt die Mannschaft ein herber Schicksalsschlag: Nach dem Training verunglückt Otto Render mit seinem Auto und stirbt kurz darauf mit Anfang 40. Nach dem dritten Scheitern im Berliner Olympiastadion verlässt ein Spieler nach dem anderen den Verein und wechselt zur Konkurrenz. Die bis dahin höchste Transfersumme erzielt dabei Lorenz Horr, der für 336.000 D-Mark zu Hertha BSC geht. Insgesamt 31 Spieler verkauft der SV Alsenborn an Klubs wie den FC Bayern München, den 1. FC Kaiserslautern oder den FC Schalke 04.

Dann wird im Jahr 1974 die Zweite Bundesliga eingeführt und der SV Alsenborn erfüllt die sportliche Qualifikation für den Aufstieg. Doch aufgrund "technischer Unzulänglichkeiten der Platzanlage" sowie „wirtschaftlicher Unsicherheit hinsichtlich der zukünftigen Entwicklung", wie es in der Begründung heißt, wird dem Verein der Aufstieg verweigert. Ab dann geht es weiter bergab. Die Finanzprobleme werden drängender, bereits getätigte Spielereinkäufe müssen rückgängig gemacht werden. Im Stadion an der Kinderlehre wird in den nun folgenden Jahrzehnten wieder Kreisliga gespielt.

Und heute? Die Vergangenheit wird in dem pfälzischen Dorf weiter gepflegt. Auf dem Platz sieht man die Fritz-Walter-Jugend trainieren, 2020 gründet der Verein die FC Talentschmiede Kinderlehre mit Thomas Riedl als Versitzendem, auch ein ehemalige Spieler des 1. FC Kaiserslautern. Heute blickt man in Alsenborn wieder mit Zuversicht in die Zukunft. Zu Recht, denn was hat man hier nicht schon alles geschafft….

Unrühmlicher Rekord für die Ewigkeit? Als der VfL Bochum fünf Tore schoss – und doch noch verlor

Von Rüdiger Fröhlich

Es gibt Spiele in der Fußball-Bundesliga, die sind legendär. Spiele, die Fans niemals vergessen werden. Und wenn man Zuhause zur Halbzeit 3:0 führt, gehen die Fans normalerweise zum Bratwurst- und Bierstand und sagen: „Dat Ding ist durch." Kann man eine 3:0-Führung noch verspielen? „Sehr, sehr unwahrscheinlich", werden die Fans dann wohl sagen und lässig einen Schluck Bier trinken. Und wenn man in der zweiten Halbzeit sogar 4:0 führt? „Unmöglich!", wird die Antwort fast aller deutschen Fans am Bierstand wohl heißen. Nicht jedoch bei den Fans des VfL Bochum.

Der VfL Bochum hat nämlich das sagenhafte „Kunststück" geschafft, trotz einer 4:0-Führung im heimischen Ruhrstadion den Platz noch als Verlierer zu verlassen. Diesen unrühmlichen Rekord hat der VfL am sechsten Spieltag der Saison 1976/77 aufgestellt, genau am 18. September 1976. Zu Gast war der FC Bayern München, der mit den fünf Weltmeistern Sepp Maier, Katsche Schwarzenbeck, Franz Beckenbauer, Uli Hoeneß und Gerd Müller im Stadion an der Castroper Straße in Bochum auflief. Doch die 17.000 Zuschauer im Ruhrstadion trauten ihren Augen nicht, der VfL spielte gegen den großen Favoriten wie entfesselt auf. Durch zwei Treffer von Harry Ellbracht (24./43.)

und Josef Kaczor (38.) führte Bochum nach 45 Minuten schon sensationell mit 3:0 – und das gegen den FC Bayern, der vier Monate zuvor den Europapokal der Landesmeister gewonnen hatte.

Dabei hatten die Münchner noch Glück, denn der VfL hatte in der ersten Hälfte weitere hochkarätige Möglichkeiten und hätte noch höher führen können, wie ein sechsminütiger Amateurmitschnitt von dem Spiel zeigt. Dieser Mitschnitt ist als einziges Video von dem Spiel der Nachwelt erhalten geblieben. In der Sportschau wurden zu der Zeit nicht alle Spiele gezeigt, sondern nur Ausschnitte von drei, vier Begegnungen. „Die Bayern haben uns total unterschätzt", sagte Bochums Keeper Werner Scholz in einem Interview mit „Der Westen". Doch es kam noch besser: In der 53. Minute erhöhte Hans-Joachim Pochstein auf sage und schreibe 4:0 für Bochum. Doch dann folgten 20 Minuten, wie sie die Fußballwelt in Deutschland noch nie gesehen hatte. Innerhalb von der 55. bis zur 75. Spielminute drehten die Münchner einen 0:4-Rückstand in eine 5:4-Führung. Tore: Karl-Heinz Rummenigge (55.), Georg Schwarzenbeck (57.) sowie Gerd Müller (63. und 74./Strafstoß) und Uli Hoeneß (75.).

Fünf Tore innerhalb von 20 Minuten, davon zwei innerhalb von zwei Minuten und sogar zwei innerhalb von einer Minute. Der VfL konnte in dem Jahrhundertspiel zwar noch zum 5:5 durch Josef Kaczor (80.) ausgleichen, doch eine Minute vor Spielende traf Uli Hoeneß zum 6:5-Sieg-treffer für die Münchner. „Ich habe sechs Bälle draufbe-kommen und alle waren drin", erinnerte sich VfL-Torwart Scholz deprimiert. „Unsere Wäschefrau musste mein Trikot nur kurz lüften, dann konnte sie es wieder in den Schrank legen."

Das 5:6 von Bochum ist das einzige Spiel in der Fuß-ball-Bundesliga, in dem eine Mannschaft einen 0:4-Rück-stand in einen Sieg umwandeln konnte. Es gibt zwar ein weiteres Spiel, in dem eine Mannschaft ein 0:4 aufholen konnte, allerding langte das 4:4 vom 25. November 2017 dem FC Schalke im Revierderby bei Borussia Dortmund „nur" zu einem Unentschieden. Das 5:6-Jahrhundertspiel von Bochum ist mit elf Treffern zudem auch eines der tor-reichsten Spiele der Bundesliga überhaupt. Nur in fünf Par-tien fielen mit 12 Toren ein Treffer mehr, allerdings siegten dabei stets die Heimmannschaften (zweimal Dortmund mit 11:1 und 9:3, Mönchengladbach mit 12:0, Köln mit 8:4 und Bayern München mit 11:1). Somit ist das 5:6 von Bochum gegen Bayern zugleich die torreichste Begegnung, bei der die Auswärtsmannschaft gewonnen hat. Lange Zeit wurde angenommen, dass es keine bewegten Bilder von dem le-gendären Bochumer Spiel gab, doch VfL-Fan Werner David zeichnete Teile des Spiels mit seiner privaten Super-8-Ka-mera auf. Das Original des Films mit allen fünf VfL-Toren wird im Bochumer Stadtarchiv wie ein Heiligtum aufbe-wahrt.

„Seit diesem Spiel sind wir die einzige Mannschaft Deutschlands, für die es keinen beruhigenden Vorsprung gibt", erklärte Frank Goosen, Bochumer Kabarettist und Autor mit großem Herzen für den VfL. Für Bochums Keeper Werner Scholz kam es nach dem niederschmetternden 5:6 sogar noch schlimmer. Im Anschluss ging das Team wie immer rüber ins Vereinslokal „Haus Frein" und schaute dort Sportschau. Bochum wurde selten gezeigt, am 18. September 1976 aber schon. Aufgrund von technischen Problemen hatte die ARD aber keine Bilder von der ersten Halbzeit, alle drei Bochumer Tore konnten nicht geschaut werden. „Gezeigt wurden dann alle sechs Tore, die ich kassiert habe. Da war ich richtig bedient", sagte VfL-Torwart Scholz in dem Interview.

Statistik: VfL Bochum – FC Bayern München 5:6

VfL Bochum
Werner Scholz – Hermann Gerland, Klaus Franke (Harry Ellbracht), Matthias Herget, Michael Lameck – Michael Eggert, Erich Miß, Jupp Tenhagen, Holger Trimhold – Hans Joachim Pochstein, Josef Kaczor

Trainer: Heinz Höher

FC Bayern München
Sepp Maier – Udo Horsmann, Franz Beckenbauer, Georg Schwarzenbeck,, Björn Andersson – Hans-Josef Kapellmann, Conny Torstensson (Reiner Künkel), Bernd Dürnberger – Uli Hoeneß, Gerd Müller, Karl-Heinz Rummenigge

Trainer: Dettmer Cramer

Tore: Harry Ellbracht (24./43.), Josef Kaczor (38./80.), Hans-Joachim Pochstein (53.), Karl-Heinz Rummenigge (55.), Georg Schwarzenbeck (57.), Gerd Müller (63./74. Elfmeter), Uli Hoeneß (75./89.)
Schiedsrichter: Walter Horstmann
Stadion: Stadion an der Castroper Straße (Bochum)
Zuschauer: 17.000
Datum: 18. September 1976

Uwe Seeler wurde dem HSV einmal doch untreu

Von Andreas Safft

Als neunjähriger Steppke lief Uwe Seeler zum ersten Mal mit der Raute auf der Brust auf. Mit 35 verabschiedete sich „Uns Uwe" von seinem Hamburger SV – standesgemäß im Volksparkstadion mit einem Freundschaftsspiel gegen eine Weltauswahl. Vereinstreue hatte einen Namen, 26 Jahre lang: Uwe Seeler. 477 Pflichtspiele absolvierte er für die Hamburger im Herren-Bereich – doch da gab es tatsächlich eine 478. Partie, in der das Hamburger Idol im stolzen Alter von 41 Jahren doch einmal fremdgegangen ist. Und das offenbar, ohne es zu wissen.

Cork Celtic hieß der irische Club, den damals gewaltige Probleme plagten. Der Meister von 1974 war vier Jahre später so gut wie pleite und außerdem Schlusslicht in der League of Ireland. Was Seeler nicht wusste: In Irland war es den Clubs möglich, eine Gastspielerlaubnis für Profis zu erhalten.

Schon der legendäre nordirische Star George Best war für Cork dreimal aufgelaufen, ohne dort allerdings einen bleibenden Eindruck zu hinterlassen. Auch Geoff Hurst, englischer Weltmeister von 1966 und Schütze des Wembley-Tores im Finale, spielte insgesamt neunmal für

Cork, schoss dabei drei Tore. Über die Höhe der Auflaufprämien ist nichts bekannt. Nur für ein Pfund guter irischer Butter dürfte aber kein Profi den Weg in die Provinz angetreten sein.

Seeler verdiente nach dem Rücktritt aus der Bundesliga seine Brötchen beim Sportartikelhersteller Adidas, zu dessen Kunden auch die Iren gehörten. Der irische Adidas-Vertreter Michael O'Connell hatte den Hamburger um einen Auftritt gebeten, damit der notorisch klamme Verein ein paar Pfund verdienen kann. Gemeinsam mit seinem ehemaligen HSV-Mitspieler Franz-Josef Hönig reiste Seeler also zu einem vermeintlichen Benefizspiel von Cork gegen die Shamrock Rovers. „Das Spiel hatte etwas mit meinem Job zu tun", wusste Seeler im Vorfeld nur zu erzählen. Letztlich liefen er und seine Teamkameraden in Trikots mit einem riesigen Adidas-Logo, aber ohne Vereinswappen auf.

Keine tausend Zuschauer sollen an diesem 23. Mai 1978 Zeuge vor Ort gewesen sein, als der mittlerweile 41 Jahre alte Stürmer aus West Germany sein unvermindert vorhandenes Können demonstrierte. Er wunderte sich zwar, dass seine Gegenspieler äußerst hart einstiegen und überhaupt keine Freundschaftsspiel-Atmosphäre herrschte, markierte aber trotzdem zwei sehenswerte Tore. Erst traf er kurz nach der Pause mit einem fulminanten Schuss aus gut 16 Metern, dann nur zwei Minuten später per "acrobatic bicycle kick from the edge of the penalty area", wie der Reporter der Irish Times begeistert berichtete, also per Fallrückzieher vom Strafraumeck.

Es gibt keine Fotos von diesen Toren, erst recht keine Filmaufnahmen. Im Archiv der örtlichen Lokalzeitung Cork Examiner fanden sich lediglich zwei Bilder, auf denen der deutsche Gastspieler zu erkennen war: beim Schreiben von Autogrammen sowie bei einem Zweikampf mit einem gegnerischen Verteidiger. „Ageless", so heißt es in der Bildunterschrift, agierte der Deutsche in dieser Partie, alterslos. Der „Dicke", wie er von Mitspielern und Fans seit jeher liebevoll genannt wurde, hatte zwar noch ein paar Haare weniger auf dem Haupt als bei seinen letzten Auftritten in Hamburg, wirkte aber auf dem Aktionsfoto der Zeitung durchaus noch dynamisch. Zu dynamisch für seine Bewacher aus Shamrock.

Cork verlor trotz des Seeler-Doppelpacks 2:6 – am Ende einer wahrlich verkorksten Saison stieg der Ex-Meister ab und zog sich kurz darauf ganz vom Spielbetrieb zurück. Dabei versuchten die Iren sogar, Seeler für mehr als nur ein Spiel zu verpflichten. „Ich war wirklich zu alt, aber es war eine nette Erfahrung", berichtete der Kapitän des Vizeweltmeisters von 1966 später.

1966 hatte Seeler vor dem legendären Finale von Wembley dem englischen Kapitän Bobby Charlton die Hand geschüttelt und mit ihm Wimpel ausgetauscht. Kurioserweise landete auch Charlton Mitte der 1970er als Gastspieler in Irland, half im Spätherbst seiner Karriere dreimal bei Waterford FC aus. Wir dürfen davon ausgehen, dass Charlton im Gegensatz zu Seeler wusste, was er da tat.

Der Hamburger Jung erwähnte das irische Abenteuer in seiner Autobiographie nur in wenigen dürren Sätzen. Und auch die irischen Beobachter waren sich sicher, dass Seeler als eine typische „one-club legend" niemals bewusst für einen anderen Verein als für seinen HSV ein Pflichtspiel bestritten hätte. Inter Mailands Trainer Helenio Herrera wollte schon 1961 Millionen locker machen, und wahrlich keine Lire, sondern Deutsche Mark -, um den Stürmer nach Italien zu locken. Der lehnte dankend ab. Und begründete diesen Schritt mit einem typischen Seeler-Satz: „Mehr als ein Steak am Tag kann man nicht essen."

In Für Seeler war Irland also nur ein kleiner Ausrutscher. Für die Iren war Seeler hingegen ein Ereignis. „Die Shamrock Rovers haben exzellenten Fußball gespielt, aber Seelers zwei atemberaubende Tore werden lange in Erinnerung bleiben, wenn alles andere verblasst ist", prophezeite der Cork Examiner. In Hamburg hat der Stürmer über Jahrzehnte einen bleibenden Eindruck hinterlassen. In einer irischen Stadt reichten dazu 90 Minuten.

Statistik zu Uwe Seeler:

Geboren: 5. November 1936 in Hamburg; † 21. Juli 2022 1995 in Norderstedt
72 Länderspiele (43 Tore)
476 Spiele (404 Tore) für den Hamburger SV, 1 Spiel für Cork City (2 Tore)
Größte Erfolge: Vize-Weltmeister 1966, WM-Dritter 1970, WM-Vierter 1958, Deutscher Meister 1960, Deutscher Pokalsieger 1963, Neunmal Norddeutscher Meister in Folge (1955 – 1963), Erster Torschützenkönig der Bundesliga 1963/64 (30 Tore)

„Die weiße Wand von Barcelona": So kaperten Eintracht-Fans das Camp Nou

Von Rüdiger Fröhlich

Der Sieg von Eintracht Frankfurt in der Europa League 2022 war eine der größten Fußball-Sensationen der letzten Jahre – vermutlich die größte seit dem EM-Triumph von Griechenland im Jahre 2004. Hierbei spielten die Fans der Eintracht eine entscheidende Rolle, insbesondere auch bei den beiden K-o.-Spielen im Viertelfinale gegen den FC Barcelona. Wie die Frankfurter das Rückspiel in dem legendären Stadion Camp Nou der spanischen Millionenstadt zu einem Heimspiel machten, ist eine magische, unfassbare Geschichte der Eintracht-Fans.

„Die weiße Wand von Barcelona", „Frankfurter Invasion", „La bestia blanca", „Eintracht fühlt sich völlig losgelöst von der Erde", „Eine der größten Fan-Invasionen des europäischen Fußballs": Die Presse-Stimmen nach dem 3:2-Sieg der Frankfurter beim Weltklub FC Barcelona zielten schon unmittelbar nach dem Triumph auf den großen Anteil der Fans an dem historischen Sieg der Frankfurter. Offiziell sahen die Regularien der UEFA nur 5.000 Tickets für die Gästefans im Camp Nou vor. Aber schon vor dem Spiel säumten allein über 30.000 Eintracht-Fans die Straßen der katalanischen Metropole. Im Stadion übertöten dann auch rund 30.000 bis 35.000 SGE-Anhänger lautstark die Barca-Fans. „Da ist alles weiß", sagte Eintracht

Verteidiger Stefan Ilsanker fassungslos in der Kabine, bevor es zum Warmmachen ins Camp Nou herausging. Auch der Kapitän, Sebastian Rode, war überwältigt: „Dieser Moment, auf den Platz zu kommen und noch mehr Energie zu bekommen, weil das ganze Stadion Weiß war, war elektrisierend."

Die 30.000 bis 35.000 Eintracht-Fans unterstützten ihr Team im Camp Nou lautstark wie vermutlich kein Gast zuvor, durch zwei Tore von „König" Felip Kostic (4. / 67.) sowie von Rafael Borré (36.) siegten die Frankfurter sensationell mit 3:2. Etliche Barça-Fans verließen während des Spiels entnervt die Tribüne des Camp Nou, um gegen die große Anzahl von Frankfurtern in "ihrem" Stadion zu protestieren. „Wir überprüfen, was da passiert ist. Ich habe mit 70.000 oder 80.000 Barca-Fans gerechnet, aber das war nicht der Fall", ärgerte sich Barcelonas Trainer Xavi nach der Pleite maßlos. Durch das 1:1 im Hinspiel in Frankfurt reichte der Sieg fürs Weiterkommen ins Halbfinale. „Das war das beste Spiel meiner Karriere", erklärte Kostic nach dem Sieg in Barcelona stolz.

Mehrere spanische und deutsche Zeitungen führten die Kräfteverhältnisse auf den Rängen als mitverantwortlich für Barcelonas Niederlage an. Auf dem Online-Lexikon Wikipedia stand nach dem Sieg der Eintracht kurzfristig: "Camp Nou, Fußballstadion Eintracht Frankfurts in Barcelona, Spanien." Ein User hatte sich einen Scherz über das Heimstadion der Katalanen erlaubt, der jedoch schnell wieder korrigiert wurde. Barcelonas Präsident Joan Laporta sprach nach der Frankfurter Fan-Invasion von einer „Schande" und sagte: „Ich schäme und entschuldige mich. Das wird nie wieder passieren. Wir haben Informationen darüber, was passiert ist. Es ist empörend und beschämend. Als Barça-Fan fühle ich mich erniedrigt, und es tut mir leid, das angesehen haben zu müssen."

Doch wie waren die Frankfurter an so viele Tickets für den Europa-League-Knaller rangekommen? Der FC Barcelona erklärte, dass „Versuche, Eintrittskarten aus Deutschland zu kaufen, anhand der IP-Adresse oder Kreditkarte blockiert worden sind". Aber die Eintracht Fans waren einfallsreich und haben sich über alle möglichen Wege und Kanäle und mit Tricks die begehrten Tickets besorgt. Viele beauftragten Freunde, Verwandte oder Kollegen in Spanien mit dem Kauf der Tickets und ließen sich diese nach Deutschland schicken. Auch über den Ticketpartner des FC Barcelona, „P1 Travel" waren viele erfolgreich, genauso über den Wiederverkauf der Karten über inoffizielle Internet-Portale. Auch über die offizielle Internetseite des FC Barcelona ergatterten sich viele Frankfurter Tickets, indem sie mit ein paar technischen Kniffen die Deutschland-Blockade austricksten. Mit einem speziellen Tool wurde die deutsche IP-Adresse geblockt und mit einer ausländischen IP-Adresse eine Karte gekauft. In Eintracht-Foren sprach sich schnell herum, wie sich diese verschlüsselte Netzwerkverbindung und eine geeignete Kreditkarte für den Ticketkauf nutzen ließen.

Den Eintracht-Fans kam zudem zugute, dass sich das Interesse der Barca-Fans an dem Spiel gegen die Hessen in Grenzen hielt. So verkauften viele Barca-Fans noch vor dem Stadion ihre Tickets an die SGE-Anhänger. „Unsere Fans sind am kreativsten, sich auf allen Wegen Tickets zu besorgen. Das war so und wird immer so sein", sagte Eintrachts Vorstandsmitglied Axel Hellmann stolz.

Der FC Barcelona reagierte nach dieser „Ticket-Schande" konsequent und verkauft künftig nur noch personalisierte Tickets bei internationalen Spielen. "Wir müssen hart daran arbeiten, diese organisierten Wiederverkaufsgruppen zu zerschlagen. Sie haben eine große Anzahl von Dauerkarten in ihrem Besitz", sagte Barca-Präsident Laporta. „Wir haben einmal beschlossen, gewalttätige Ultras aus dem Stadion zu verbannen. Jetzt müssen wir die organisierten Ticket-Wiederverkäufer verbieten." Gegen einen Barca-Fan, der angeblich bis zu 2.000 Tickets an Eintracht-Fans verkauft hat, wollen die Katalanen sogar juristisch vorgehen.

Nach dem Triumph standen die Eintracht-Spieler im Camp Nou Spalier für den Trainer und riefen lautstark seinen Namen. Oliver Glasner machte im Stadion des FC Barcelona den „Diver" und rutschte kopfüber auf den grünen Rasen. Spieler und Eintracht-Fans jubelten über die Aktion ihres Trainers. "In dieser Symbiose haben wir diesen Riesenerfolg und diesen großartigen Sieg gefeiert", so Eintracht-Coach Glasner.

Statistik zum Viertelfinal-Rückspiel der Europa League FC Barcelona – Eintracht Frankfurt 2:3:

FC Barcelona
ter Stegen - Mingueza, Araujo, Garcia, Jordi Alba - S. Busquets, Pedri, Gavi - Dembelé, Aubameyang, Ferran Torres

Trainer: Xavi

Eintracht Frankfurt
Trapp - Toure, Hinteregger, Ndicka - Knauff, Jakic, Rode, Kostic, Lindström, Kamada - Borré

Trainer: Oliver Glasner

Tore: Filip Kostic (4./67.), Rafael Santos Borré (36.), Sergio Busquets (90. +1), Memphis Depay (90. +11)
Schiedsrichter: Artur Dias (Portugal)
Stadion: Camp Nou (Barcelona)
Zuschauer: 79.468
Datum: 14. April 2022

Erster Präsident vom FSV Mainz 05 wurde von den Nazis ermordet

Von Christina Rath

Vor 80 Jahren wurde Eugen Salomon von Paris ins KZ Auschwitz deportiert. Dort starb der Mitbegründer und erste Präsident des 1. FSV Mainz 05 vermutlich am 14. November 1942 im Alter von 54 Jahren. Gewissheit darüber hat man erst seit wenigen Jahren.

Viele Jahrzehnte galt Eugen Salomon als verschollen. Lange war wenig bekannt über sein Leben und seine Person. Das änderte sich nach 2010 und das kam so: Als das Stadion des 1. FSV Mainz 05 nahe dem Europakreisel im Stadtteil Bretzenheim neu gebaut werden soll, bekommt nicht nur die Spielstätte selbst einen Namen. Es gibt auch Kontroversen darüber, wie die Zufahrtsstraße von besagtem Kreisel zur Coface-Arena, heute Mewa Arena, heißen soll. Genauer: Wie soll die künftige Adresse des Stadions lauten.

Die „Supporters Mainz", der Dachverband der Fans und Fanclubs von Mainz 05, setzen sich schließlich mit ihrem Vorschlag gegen die Alternative „Arenastraße" durch: Am 11. April 2011 wird die „Eugen-Salomon-Straße" offiziell eingeweiht. Mit der Erinnerung an diesen so wichtigen Menschen in der Vereinsgeschichte bringt der engagierte

Fanverband einen Stein ins Rollen, die Recherchen zur Person Eugen Salomon werden verstärkt.

Die Nachforschungen, die von Vertreterinnen und Vertretern des Instituts für Geschichtliche Landeskunde an der Universität Mainz, des Mainzer Stadtarchiv und des NS-Dokumentationszentrums Rheinland-Pfalz/Gedenkstätte KZ Osthofen ab 2011 vorangetrieben werden, ergeben nun folgendes Bild:

Eugen Salomon wird am 5. März 1888 im rheinhessischen Wörrstadt als Sohn von Moritz und Fanny Salomon geboren, sein Vater ist Tapezierer. Um die Jahrhundertwende zieht die Familie mit den Söhnen Eugen und Emil nach Mainz. Hier gründet Eugen Salomon mit ein paar Freunden einen Fußballverein namens „Hassia 05", aus dem später der 1. FSV Mainz 05 werden soll. Bereits mit 17 Jahren wird Salomon im Oktober 1905 in einer „außerordentlichen Generalversammlung" zum ersten Vorsitzenden gewählt und sorgt als solcher dafür, dass der Verein 1906 in den Verband Süddeutscher Fußball-Vereine aufgenommen wird. Seinen Militärdienst leistet der Vereinsgründer in Lothringen, das zu der Zeit Teil des Deutschen Reiches ist, dort lernt er auch seine spätere Frau Alice Lazard kennen. In ihrem Heimatort St. Avold nahe Saarbrücken eröffnet Salomon ein Textilgeschäft, die beiden gründen eine Familie: Sohn Erwin wird 1914 geboren, drei Jahre später kommt Sohn Alfred zur Welt.

Mit seiner jungen Familie kehrt Salomon 1918 nach Mainz zurück, sie wohnen der Boppstraße 64 in der Neustadt. Er wird Inhaber einer Textilwarengroßhandlung, und natürlich engagiert sich Salomon wieder mit voller Kraft im Vorstand seines Vereins und unterstützt diesen auch finanziell. In den 1920er und frühen 1930er Jahren ist der 1. FSV Mainz 05, wie der Verein mittlerweile heißt, sehr erfolgreich. Mehrfach gewinnt er die Hessenmeisterschaft sowie in der Saison 1926/27 den Titel im Bezirk Rheinhessen-Saar. Dann aber kommt die Machtergreifung der Nationalsozialisten im Jahr 1933. Der 1. FSV Mainz 05 gilt nun als „Judenverein", bald verlieren alle jüdischen Vorstandsmitglieder ihre Funktionen.

Salomon und seine Familie müssen aus Deutschland fliehen. Wieder gründet er in St. Avold ein Geschäft, doch nach Ausbruch des Zweiten Weltkriegs wird das Leben auch in Frankreich für Juden schwierig.

Im Oktober 1942 wird Eugen Salomon von den Judenverfolgern verhaftet und in ein Sammellager bei Paris gebracht. Ein französischer Nachbar soll ihn verraten haben, schreibt die „Mainzer Allgemeine Zeitung" und beruft sich auf einen Enkel des Mainz-05-Gründers, Serge Salomon. Einen Monat später wird Eugen Salomon nach Auschwitz deportiert, wo ihn die Nazis am 14. November 1942 ermorden. Die anderen Familienmitglieder überleben gerade so, Alice stirbt 1956 an den schweren gesundheitlichen Spätfolgen der Verfolgung. All diese Details waren lange nicht bekannt und kamen erst dank der intensiven Recherchen ans Licht, viele dachten bis vor wenigen Jahren, Salomon sei in die USA geflüchtet und hätte dort überlebt.

Am 5. März 2013 wäre Eugen Salomon 125 Jahre alt geworden. An diesem Tag werden vor seinem letzten Wohnhaus in der Boppstraße 64 vier Stolpersteine verlegt, das sind gravierte Messingplatten im Gedenken an die Verfolgten durch die Nationalsozialisten – für ihn selbst, seine Frau Alice und für seine beiden Söhne Erwin und Alfred. Auch einige seiner Nachkommen sind für die Gedenkveranstaltung nach Mainz gekommen: seine Enkelin Lydie Hugendubel, ihr Bruder Serge Salomon und und sein Urenkel Eric Salomon. Die Erinnerung an den Mitbegründer und ersten Vorsitzenden des 1. FSV Mainz 05 ist wieder ins Gedächtnis aller Freunde und Fans gerückt und wird seither lebendig gehalten.

Wie die Schweiz zwei Rekorde auf einmal aufstellte – und auf keinen stolz war

Von Andreas Safft

Ein 0:0 mag den einen oder anderen Fußballtrainer zufriedenstellen. In aller Regel geht ein torloses Unentschieden aber nicht in die Fußballgeschichte ein. Mögen die Defensivreihen noch so gut gestanden haben, mögen die Spieler eine unglaubliche taktische Disziplin an den Tag gelegt haben – irgendetwas fehlt halt. Tore eben. Und ein Sieger, wenn es denn nicht eine Verlängerung oder ein Elfmeterschießen geben würde.

Legendäre Nullnummern finden sich auch in der WM-Geschichte nicht gerade in Hülle und Fülle. 1958 – also bei der bereits fünften Endrunde – kam es überhaupt erst zur Premiere dieses Resultats. Brasilien und England langweilten 40.000 Zuschauer in Göteborg. Es war die letzte Partie des späteren Weltmeisters ohne sein damals noch angeschlagenes Wunderkind Pelé, der gemeinsam mit Garrincha den Rest der Fußball-Welt im weiteren Turnierverlauf kurz und klein schoss.

Apropos Brasilien: Legendär langweilig verlief auch das WM-Finale 1994 zwischen Brasilien und Italien mit gefühlt eineinhalb Torschüssen in 120 Minuten. Und mit einem Elfmeterschießen, das wohl bis heute noch nicht beendet wäre, wenn nicht Roberto Baggio den Ball in bester Uli-Hoeneß-Manier in den Abendhimmel von Pasadena gedonnert hätte.

Zwölf Jahre später erlebten wir ein Sommermärchen in Deutschland. Schönes Wetter, lockere Stimmung, ein Gastgeber, der mit Platz drei auch ganz zufrieden war, und tolle Fußballspiele. Oder? Vor allem das Achtelfinale bot die ganze Bandbreite. Ein fantastisches Spiel in Hannover, wo die Franzosen mit dem grandiosen Zinedine Zidane Spanien mit all den Weltstars von Casillas über Xavi bis Raul in die Knie zwangen. Ein Holzhacker-Festival zwischen Portugal und den Niederlanden (1:0), veredelt mit vier Platzverweisen und sechzehn Gelben Karten. Und eben das Spiel der Schweiz gegen die Ukraine. Sie haben das ganz vergessen? Dann haben sie es gut.

45.000 Zuschauer hatten in Köln mehr oder weniger viel Geld dafür bezahlt, diese beiden Mannschaften bei der Ausübung ihres Sports zu bewundern. Die Schweiz hatte sich in der Vorrunde vor Frankreich den Gruppensieg gesichert, die Ukraine hatte sich von einer 0:4-Klatsche zum Auftakt gegen Spanien gut erholt. Es hätte also ein interessantes Spiel werden können. Unterhaltsamer sicher als die Darbietungen des FC, der gerade erst einmal mehr aus der Bundesliga abgestiegen war.

Es wurde aber leider "das WM-Spiel, das keinen Sieger verdiente", wie die New York Times süffisant feststellte. „Gut, dass die Kölner Zuschauer einiges gewohnt sind", lästerte man beim Fokus. Und selbst der seriöse Kicker urteilte hart: „In den 120 Minuten enttäuschten beide Mannschaften in einem Achtelfinale, das nahezu ohne Höhepunkte war."

Zwei Aufreger gab es recht früh in dieser Partie: Alexander Frei scheiterte ebenso an der Querlatte wie auf der anderen Seite kurz darauf Andriy Shevchenko. Diese nicht eingeplanten Torchancen haben beide Teams wohl so sehr geschockt, dass sie danach noch mehr Vorsicht walten ließen. Die Ukraine stand tief, verteidigte mit Mann, Maus und allem, was ansonsten noch gelbe Trikots trug. Die Schweiz war optisch überlegen, hatte aber nicht die spielerischen Mittel, die gelbe Wand zu überwinden. Und was machten die Fans angesichts des Trauerspiels? Sie schmetterten mitten im Hochsommer Karneval-Hits wie „Viva Colonia", forderten die Einwechslung von Lukas Podolski oder sangen einfach: „Steht auf, wenn ihr Kölner seid."

Irgendwann beschränkte sich die Ukraine komplett aufs Zerstören jeglichen Spielflusses, die Schweizer auf Fehlpässe im Dutzend. Das Pfeifkonzert nach 90 Minuten war sicher bis Düsseldorf zu hören, doch es wurde in der Verlängerung nicht besser. Nach den 30 Extra-Minuten, die sich die Teams mangels irgendwelcher Höhepunkte auch gleich hätten schenken können, musste ein Elfmeterschießen entscheiden. Elfmeterschießen, das heißt in aller Regel Spannung, Drama, Stunde der Helden. Diesmal wurde es eine einzige Peinlichkeit. Zumindest für eine Seite.

WM-Neuling Ukraine war, nun ja, auf diese Entscheidung nicht besonders gut vorbereitet. "Normalerweise fragen die Trainer die Spieler: 'Wer ist bereit einen Elfer auszuführen? Wer übernimmt die Verantwortung? Wer fühlt sich der Sache gewachsen?' Doch wir hatten keine Liste mit Elfmeterschützen und hatten das vor dem Spiel noch nicht einmal trainiert", gestand Mittelfeldspieler Anatoliy Tymoshchuk später.

Was machte Trainer Oleg Blokhin, der immerhin 1975 Europas Fußballer des Jahres war, sowjetischer Rekordnationalspieler und die Vereinslegende schlechthin bei Dynamo Kiew? Blokhin machte einfach gar nichts. „Ihr müsst unter euch ausmachen, wer die Elfmeter schießt", erzählte der Trainer seinem verdutzten Team. Er mochte sich die Schüsse nicht einmal anschauen, wendete sich vom Geschehen ab und wäre am liebsten in die Kabine geflohen. Denn: „Nach 120 Minuten war das einfach zu viel für mich."

Als sein Star Shevchenko mit dem ersten Versuch am Schweizer Torwart Pascal Zuberbühler scheiterte, schien der Weg ins Viertelfinale für die Eidgenossen frei zu sein. Was passierte aber? Die Schüsse von Marco Streller und Ricardo Cabanas wurden sichere Beute des Torwarts Oleksandr Shovkovskyi, Tranquillo Barnetta setzte die Kugel an die Latte. Und da die Osteuropäer dreimal trafen, war die Schweiz raus. Mit einem 0:3 nach Elfmeterschießen. Peinlicheres hatte auf der großen Fußballbühne wohl nur der FC Barcelona vollbracht, der zwei Jahrzehnte zuvor als haushoher Favorit im Europacup-Finale der Landesmeister gleich mit vier Elfmetern an einem Torwart mit dem schönen Namen Helmut Duckadam gescheitert war und daher 0:2 gegen Steaua Bukarest verloren hatte.

Blokhin nahm gar keinen Einfluss auf das Treiben, sein Gegenüber Köbi Kuhn einen verheerenden. Der Schweizer Trainer wechselte kurz vor Ende der Verlängerung seinen Sturmstar Frei aus, um angeblich der Offensive neue Impulse zu geben, vertraute bei den Penaltys zunächst ganz auf Streller. „Ich fühlte mich gut und wollte Verantwortung übernehmen", sagte der damalige Stuttgarter. Vor seinem Schüsschen, das Shovkovskyi auch mit einer Mütze hätte fangen können, wirkte er allerdings hypernervös wie ein 13-jähriger Knabe kurz vor seinem ersten Date mit der Dorfschönheit. Wie er mit seiner Zunge immer wieder über den Mund fuhr, bereitete den Fans schon beim Anlauf Albträume.

Das Ende vom Lied: Die Schweiz hatte es als allererster WM-Teilnehmer geschafft, in einem Elfmeterschießen ohne Torerfolg zu bleiben. Und sie hat zudem das Kunststück vollbracht, ohne ein einziges Gegentor in der regulären Spielzeit aus einem Turnier zu fliegen. Selbst alle Weltmeister seit 1930 hatten irgendwann im Turnierverlauf mal ein Törchen gefangen oder auch mal acht in einem Vorrundenspiel, wie jeder Kenner der deutschen Fußballgeschichte in der frühen Nachkriegszeit weiß.

Immerhin verziehen die Eidgenossen ihrem Trainer das Aus recht schnell, denn Kuhn hatte das Land aus einer tiefen Talsohle heraus wenigstens wieder zu einem großen Turnier geführt. Nach ihm wurden Straßen benannt, er durfte sich 2006 „Schweizer des Jahres" nennen. Zwei Jahre später allerdings war für ihn nach dem Vorrunden-Aus bei der Heim-EM Schluss als Coach der Nati.

Die Ukraine qualifizierte sich derweil bei ihrer ersten und bisher einzigen WM-Teilnahme aus dem Stand fürs Viertelfinale. Dort aber blieb sie chancenlos und verlor 0:3 gegen den späteren Weltmeister Italien. Nach 90 Minuten wohlgemerkt, nicht nach Elfmeterschießen.

Statistik zum WM-Viertelfinale Schweiz – Ukraine 0:3 i. E.:

Schweiz
Zuberbühler – Degen, Magnin, Müller, Barnetta, Cabanas, Wicky, Yakin, Frei, Vogel

Trainer: Köbi Kuhn

Ukraine
Shovkovskiy – Vashchuk, Nesmachnyi, Gusyev, Tymoshchuk, Shelayev, Kalinichenko, Shevschenko, Voronin, Vorobey, Gusin

Trainer: Oleg Blokhin

Tore: Keine – Elfmeterschießen: Artem Milevskiy (0:1), Serhiy Rebrov (0:2), Oleg Gusev (0:3)
Schiedsrichter: Benito Archundia (Mexiko)
Stadion: RheinEnergieStadion (Köln)
Zuschauer: 45.000
Datum: 26. Juni 2006

Das Bundesliga-Debüt des Grauens des „besten Torhüters aus Osteuropa"

Von Rüdiger Fröhlich

Zugegeben, es ist etwas gemein, sich einen Torhüter rauszusuchen und ihn als „größten Fliegenfänger der Bundesliga", „größten Transfer-Flop", „schlechtesten Torwart der Bundesliga-Geschichte" oder einfach als „Missverständnis" zu betiteln. Doch die Medien in der Hansestadt Hamburg wie Bild, Mopo, der NDR oder auch die Welt gehen mit ihrem HSV oft hart ins Gericht, wenn die Leistung der Rothosen auf dem grünen Rasen nicht stimmt. Und die Leistung des Pokalsiegers stimmte im Jahr 1987 einfach absolut gar nicht. Im Zentrum der Kritik: ein neuer Torwart aus Jugoslawien, Mladen Pralija. Er erlebte mit dem Hamburger SV einen Bundesliga-Start, der wie der schlimmste Albtraum Wirklichkeit wurde. Es war ein Debüt des Grauens für Pralija. Seitdem wird der Hamburger Torwart meist auch in Medien-Berichten genannt, wenn es um die angeblich schlechtesten Torhüter der Bundesliga geht.

Vorweg möchte ich aber ein Hoch auf die Keeper der Bundesliga aussprechen. Sie gelten als die besten der Welt, mit Legenden darunter wie Sepp Maier, Rudi Kargus, Toni Schumacher, Andreas Köpke, Oliver Kahn, Jens Lehmann oder Manuel Neuer. Torwart-Giganten der Bundesliga, nahezu unbezwingbar. Unvergessen, wie „Titan" Oli

Kahn bei der Weltmeisterschaft 2002 in Japan und Südkorea quasi nicht zu überwinden war. Deutschland gewann in den K.o.-Spielen immer mit 1:0, auch in den drei Gruppenspielen musste Kahn nur beim 1:1 gegen Irland ein einziges Gegentor hinnehmen. Wie er am 11. Juni gegen Kamerun den DFB-Sieg mit seinen Paraden festhielt – unfassbar. Bei der Pressekonferenz vor dem Finale gegen Brasilien galt Deutschland als krasser Außenseiter. Oli Kahn nahm dann aber bei der PK in Yokohama neben Rudi Völler Platz und erklärte siegessicher: „Brasilien ist zwar Favorit, aber sie müssen erst mich überwinden. Und das wird nicht passieren." Worte voller Macht. Ohne jeglichen Zweifel. „Oh Mann, Oliver Kahn hat ja Recht. Wie will man gegen den bloß ein Tor machen?", grübelten viele Reporter aus aller Welt. Ihre Lösung im allerersten Moment: „Das Finale geht wohl 0:0 aus, muss ins Elfmeterschießen." Die Geschichte mit Kahns gebrochen Mittelfinger im WM-Finale ist bekannt – und vielleicht hätte der ehrgeizige Titan in dem Spiel gegen Brasilien Jens Lehmann den Platz im Tor überlassen sollen.

Auch Sepp Maier, Toni Schumacher oder Andreas Köpke galten zu ihrer Zeit als die wohl besten Torleute der Welt. Oder der legendäre Elfmeterkiller Rudi Kargus vom HSV, der sage- und schreibe 24 Strafstöße parieren konnte. Von Manuel Neuer ganz zu schweigen…

Doch obwohl in der Bundesliga die wohl besten Torhüter der Welt spielen, gibt es immer wieder eine Nummer 1, die von den Fans als Fliegenfänger, Flutschfinger oder Katastrophen-Keeper bezeichnet wurden. In verschiedenen Medien wurden zum Beispiel auch Herman Rülander von Werder Bremen, Miro Vabrovic vom 1. FC Köln, Heinz Rohloff von Tasmania Berlin, Olli Isoaho von Arminia Bielefeld, Felix Wiewald (Werder Bremen und Eintracht Frankfurt) oder Tomas Koubek vom FC Augsburg als einer der schlechtesten Torhüter der Bundesliga genannt.

Ein weiterer dieser „Pleite-Keepern" folgte ausgerechnet einem Weltklasse-Torwart, nämlich Uli Stein vom Hamburger SV. Nach zwei Skandalen („Suppenkasper-Eklat" bei der WM 1986 und der Faustschlag gegen „Kobra" Wegmann vom FC Bayern 1987), entschied sich der HSV, seinen langjährigen Spitzentorhüter Uli Stein zu feuern. Kurz danach nahm das Übel des Jugoslawen Mladen Pralija seinen Lauf. „Pralija ist der beste Torwart Osteuropas", sagte HSV-Coach Josip Skoblar seinem Manager Felix Magath. Der Jugoslawe sei der neue Star am europäischen Torwarthimmel – und so wurde auf Wunsch vom Trainer die neue Nummer 1 von Hajduk Split verpflichtet.

Am 8. August 1987 tritt der Pokalsieger und Tabellenführer Hamburger SV mit seinem neuen Keeper Mladen Pralija im Olympiastadion gegen Bayern München an – es wurde für ihn ein Debüt des Grauens. Die Bayern gewannen gegen den HSV mit 6:0. Vier der sechs Gegentore durch Jürgen Wegmann (2), Lothar Matthäus (2), Michael Rummenigge und Roland Wohlfahrt gingen auf die Kappe von Pralija. Der Torwart leistete sich dabei teils haarsträubende Fehler, irrte merkwürdig durch den Strafraum, ließ einfache Bälle fallen und überraschte damit das Publikum, den FC Bayern und auch die eigene Mannschaft um gestandene HSV-Stars wie Manfred Kaltz, Dietmar Jakobs, Dietmar Beiersdorfer, Thomas von Heesen oder Miroslav Okonski.

Obwohl die Hamburger mit dem damals 19-jährigen Richard Golz ein Torwart-Juwel auf der Bank hatten, hielt Trainer Skoblar an seiner neuen Nummer 1 fest. Das Problem: Was desaströs für Torwart Pralija begann, wurde im Laufe der Saison kaum besser. In den nächsten zwei Spielen kassierte der Keeper aus Jugoslawien beim 3:3 gegen Hannover 96 und beim 2:2 beim SV Waldhof Mannheim wieder viele Gegentore. „Für ihn war die ganze Konstellation extrem schwierig. Gleich das erste Erlebnis wirkte sich traumatisch aus, als er bei seinem ersten Auftritt in München sechs Stück kassierte", erklärte Teamkollege Richard Golz in einem Interview mit der Tageszeitung „Die Welt". „Überhaupt war die Mannschaft nicht unbedingt begeistert davon, dass Uli Stein weg war. Es gab viele Spieler, die ihn gerne wieder zurück haben wollten, schließlich war er zunächst nur suspendiert."

Nach 11 Gegentreffern in seinen ersten drei Spielen musste Pralija mit dem HSV Zuhause gegen den Aufsteiger Karlsruher SC ran. Die Hamburger verloren mit 0:4. Nach nur vier Spielen standen für Mladen Pralija bereits 15 Gegentore auf seinem persönlichen Zettel. Der Torhüter soll vor den Spielen immer extrem angespannt gewesen sein. „Hinzu kamen Sprachprobleme. Deutsch hat er nicht besonders gut verstanden. Schließlich blieb seine Familie in der Heimat", so Golz weiter. „Er war gerade Vater geworden und saß in Hamburg alleine in seiner Wohnung."
Am zehnten Spieltag der Saison 1987/88 kommt es erneut zu einer denkwürdigen Partie für die Hamburger, aber auch für Mladen Pralija. Der Torhüter verletzt sich früh im Spiel bei Borussia Mönchengladbach am Kopf. Trotzdem spielt der Jugoslawe mit einem blutigen Turban zunächst mutig weiter. In der 27. Minute musste Trainer Josip Skoblar seinen Keeper dann aber doch auswechseln. Problem: Zu diesen Zeitpunkt stand es schon 3:1 für Gladbach. Der HSV verlor am Ende mit 2:8.

Die HSV-Fans forderten wütend den Rauswurf des jugoslawischen Trainer-Torwart-Duos. Nach der 0:2-Niederlage gegen Bayer Leverkusen am 15. Spieltag zog Manager Felix Magath dann die Reißleine und feuerte Coach Josip Skoblar. Der neue Hamburger Trainer Willi Reimann wechselte als ersten Schritt seine Nummer 1, Mladen Pralija musste auf die Bank. Der neue HSV-Keeper Richard Golz holte im nächsten Spiel mit seinem Team ein 0:0 gegen Werder Bremen und blieb immerhin ohne Gegentreffer.

„Er war nicht so schlecht, wie er gemacht wurde, aber es war einfach insgesamt kein gelungener Transfer", erklärte Richard Golz in dem Gespräch mit der „Welt".

Mladen Pralija wechselt kurze Zeit später zusammen mit seinem Trainer Skoblar zurück in seine Heimat zu Celik Zenika. In 14 Spielen für den Pokalsieger Hamburger SV kassierte er 30 Gegentore. Er gilt seitdem nicht nur als größtes Missverständnis in der Geschichte der Hamburger, sondern laut der „Welt" auch als der größter Fliegenfänger der Bundesliga. „Vom ersten Tag an war für mich die Situation völlig konfus. Ich hatte keine Wohnung, meine Frau Sonia war noch in Split, bekam wenig später unseren Sohn Ivan. Und ich allein in Hamburg. Keiner vom Verein half mir. Ich verstand die Sprache nicht", sagte Mladen Pralija im Dezember 1987 dem „Hamburger Abendblatt" zu seiner schweren HSV-Zeit. „Natürlich habe ich Fehler gemacht, aber die anderen auch. Ich war der Sündenbock für die schlechten Leistungen des HSV."

Statistik zu Mladen Pralija:
Geboren: 28. Januar 1959 in Sibinik (Jugoslawien)
14 Bundesligaspiele
Vereine: Hajduk Split, RNK Split, HNK Sibenik, Hamburger SV, NK Pazinka Pazin, Toronto Croatia

Die Ecken-Könige der Bundesliga

Von Rüdiger Fröhlich

Freitagabend, 23. September 1994 im Weserstadion: *In der 39.* Minute geht Werders Mario Basler konzentriert zur Eckfahne, dann in die Knie und legt den Ball mit beiden Händen vorsichtig auf den Rasen. Er dreht ihn, bis das Ventil nach oben zeigt. „Super-Mario" läuft an und knallt den Ball mit dem Innenspann voll Effet direkt vors Tor. Duisburgs Keeper Martin Pieckenhagen rechnet mit einer Flanke, ist etwas schlecht positioniert. Pickenhagen versucht noch mit der rechten Hand an den Ball zu kommen, aber der Ball ditscht mit Wucht an die Unterkante der Latte und von dort direkt ins Tor.

Der In Fußball-Deutschland sprach man nach Baslers direkt verwandeltem Eckball von einem „Wundertor", japanische Medien konnten das Tor nicht glauben und zweifelten an, dass ein direktes Ecken-Tor überhaupt funktionieren kann. Eine direkte Verwandlung des Eckballs zum Tor ist extrem selten und gelingt nur absoluten „Kunstschützen" wie Basler. In der Tat kann der Ball nicht auf einer geraden Flugbahn ins Tor geschossen werden. Er muss mit viel Effet und scharf geschossen auf eine gezirkelte Flugbahn gebracht werden, die erst in den 16-Meter-Raum führt und dann auf Höhe des Tors zur Torlinie zurückkehren muss.

In der Saison 1994/95 gelingt Mario Basler dieses sagenhafte Fußball-Kunststück gleich dreimal. „Ich habe den Ball schon immer absichtlich scharf vorne reingeknallt, aber man will ja eigentlich einen Mitspieler treffen, damit der den Ball verlängert", sagte Basler in einem Interview mit bundesliga.de. „Da gehört wahnsinnig viel Glück dazu, eine Ecke direkt zu verwandeln." Basler wiederholte solch ein Traumtor später auch nochmals für den FC Bayern gegen den VfL Bochum, so dass er insgesamt auf vier direkt verwandelte Eckbälle kommt. Eines der wohl schönsten direkten Eckentore aller Zeiten gelang „Super-Mario" am 10. März 1995 gegen den SC Freiburg gleich in der 2. Minute. Kurz nachdem Basler den Eckball mit voller Wucht reinhaut, sieht es noch so aus, als würde der Ball Richtung Elfmeterpunkt segeln. Doch sein Schuss hat so unfassbar viel Effet, dass sich der Ball über Freiburgs Keeper Jörg Schmadtke hinweg an den langen Pfosten dreht und von dort ins Tor prallt. Ein Jahrhundert-Tor. Über 569.000 Aufrufe hat das Video dieses Weltklasse-Treffers von Mario Basler bei Youtube.

Basler wird in dieser Saison zu einem der weltbesten Mittelfeldspieler. Er trifft nicht nur per direktem Ecken-Tor, sondern aus allen Lagen. Mit 20 Treffern wird er Bundesliga-Torschützenkönig. Als Mittelfeldspieler schaffen das bis heute nur zwei weitere Spieler: Oberhausens Lothar Kobluhn 1971 und Nürnbergs Marek Mintal 2005.

Allerdings konnte nicht nur Mario Basler „um die Ecke schießen", auch andere Bundesliga-Stars trafen direkt per Eckball. Christian Clemens vom 1. FC Köln zirkelte am 10. Dezember 2011 einen Eckball zum 3:0 gegen den SC Freiburg direkt ins Tor. Ein irres Ecken-Tor, das zum „Tor des Monats" gewählt wurde. Freiburgs Julian Schuster erzielte am 9. April 2011 gegen Hoffenheim das 1:0 per direkt verwandeltem Eckball, das ebenfalls zum „Tor des Monats" gewählt wurde. Hannovers „Ecken-King" Arnold Brugging traf am 14. März 2009 per direkter Ecke beim spektakulärem 4:4 gegen Borussia Dortmund. Thomas Zdebel gelang ebenfalls so ein Traumtor im August 2004 mit dem VfL Bochum.

Weitere Wunderschützen, die so ein direktes Eckball-Tor erzielten, waren zum Beispiel Rainer Bonhof, Roberto Carlos oder Milenko Ačimovič. Auch Toni Kroos traf im spanischen Supercup mit Real Madrid gegen Valencia im Januar 2020 mit einem sensationellen direkten Ecken-Tor.

Neben Mario Basler gibt es jedoch noch einen zweiten Ecken-Torschützenkönig der Bundesliga, nämlich Frankfurts Bernd Nickel – genannt „Dr. Hammer". Der offensive Linksfuß, der von 1968 bis 1983 für die Eintracht spielte und dreimal den DFB-Pokal gewann, hatte ebenfalls eine sagenhafte Schusstechnik und war berüchtigt für seine strammen Schüsse und gefährlichen Eckbälle. Nickel erzielte in 426 Bundesligaspielen 141 Tore, davon ebenfalls vier direkt verwandelte Ecken. Damit ist er bis heute auch der Mittelfeldspieler mit den meisten Bundesligatreffern der Geschichte. Bei seinen vier Eckballtoren gelang ihm das schier Unglaubliche, da er von allen vier Ecken des Frankfurter Waldstadions direkt ins Tor traf – und das als Linksfuß. Zwei seiner vier Traumtore per Ecke erzielte „Dr. Hammer" mit dem Außenrist, zwei mit dem Innenrist. Zu den düpierten Keepern von Bernd Nickel zählte auch Sepp Maier vom FC Bayern München. Ein weiteres Opfer der „Dr.-Hammer"-Ecken war Bremens Torwart Hermann Rülander, der nach Nickels Traumtor per Eckball nie wieder Bundesliga spielte.

Anmerkung der Redaktion zum Ventil des Balls:

Mehmet Scholl zählte auch zu den Künstlern am Ball und war ein hervorragender Eckball- und Freistoßschütze. „Man legt den Ball so, dass man das Ventil nicht mit dem Schuh trifft, da der Ball am Ventil nicht ganz rund ist. Er könnte also eine andere Flugbahn nehmen als gewünscht, wenn er dort getroffen wird", erklärte Scholl. Das Ventil solle auch nicht auf dem Rasen liegen. Bei Scholl kam hinzu, dass er das Ventil auch nicht sehen wollte. Also legte er sich den Ball so hin, dass das Ventil grob in Richtung Tor zeigte.

Statistiken zu Mario Basler und Bernd Nickel:

Mario Basler
Geboren: 18. Dezember 1968 in Neustadt an der Weinstraße
30 Länderspiele (2 Tore)
262 Bundesligaspiele (62 Tore)
Größte Erfolge: Europameister 1996 (ohne Einsatz), Deutscher Meister 1997 und 1999 und DFB-Pokalsieger 1998 mit dem FC Bayern München, DFB-Pokalsieger 1994 mit Werder Bremen, Torschützenkönig der Bundesliga 1995 (20 Tore)

Bernd Nickel
Geboren: 15. März 1949 in Eisemroth
1 Länderspiel (0 Tore)
426 Bundesligaspiele (141 Tore)
Größte Erfolge: Uefa-Cup-Sieger 1980, DFB-Pokalsieger 1974, 1975 und 1981 mit Eintracht Frankfurt

Noch mehr unfassbare Fußball-Geschichten – Teil 1 der Serie

Kennen Sie Tull Harder vom HSV, den vielleicht besten Stürmer aller Zeiten? Oder die unglaubliche Geschichte vom blauen Armband von Darmstadt 98? Oder den denkwürdigen Eklat um die Wahl von Bayerns Winkelhofer zum Torschützen des Monats? Einmalig war auch der Elfmeterpfiff beim St.-Pauli-Aufstieg, der ein Abpfiff wurde. Wissen Sie, welches Land als einziges noch nie gegen Brasilien verloren hat? Oder dass ein deutscher Klub tatsächlich auf die Deutsche Meisterschaft verzichtet hat? Kennen Sie die erstaunliche Geschichte vom Fußball-Spiel, das einen echten Krieg ausgelöst hat? Oder dass ein Bundesliga-Schiri nach 32 Minuten zur Halbzeit pfiff? Nein? Dann sollten Sie sich dieses kleine Fußball-Büchlein mit elf unfassbaren Fußball-Geschichten nicht entgehen lassen...

- **Taschenbuch:** 56 Seiten
- **ISBN-13:** 978-3738613926
- **Preis:** 4,99 Euro
- **E-Book:** 2,99 Euro

Und noch mehr unfassbare Fußball-Geschichten – Teil 2 der Serie

Wussten Sie, dass ein deutsches Bundesland mal eine eigene Nationalmannschaft hatte? Kennen Sie die unglaubliche Geschichte von der Nackt-Po-Rutschbahn beim HSV? Oder dass ein Kicker aus der 8. Liga plötzlich zum 20-Millionen-Stürmer wurde? Erinnern Sie sich an den legendären Keeper mit der weißen Pudelmütze? Kennen Sie unseren WM-Helden, der einen falschen Pass hatte? Wissen Sie, wer die coolste Vereins-Kutte Deutschlands trägt? Oder, dass ein kleiner Ganove den wichtigsten Fußball-Pokal der Welt gestohlen hat? Kennen Sie das Zitat von einem Kult-Trainer »Meine Spieler sind so blind, dass sie den Weg von der Kabine zum Bus nicht finden«. Nein? Dann sollten Sie sich dieses kleine Büchlein mit elf unfassbaren Fußball-Geschichten nicht entgehen lassen...

- **Taschenbuch:** 60 Seiten
- **ISBN-13:** 978-3751919739
- **Preis:** 4,99 Euro
- **E-Book:** 2,99 Euro